www.everest.es

Maquetación: Ediciones Nobel, S. A.
Diseño de cubierta: Eva Zuazua

Tercera edición

© del texto: Ramón García Domínguez
© de las ilustraciones: Manuel Sierra
© Ediciones Paraninfo (con licencia
  de Paraninfo Propiedad Intelectual, S. L.)
  C/ Sierra de Guadarrama, 35. Naves 2, 3, 4 y 5
  Polígono Industrial San Fernando II
  28830 San Fernando de Henares
  E-mail: info@everest.es

ISBN: 978-84-19331-85-4
Depósito legal: M-9440-2024
Imprime: Liberdigital (Casarrubuelos, Madrid)
Printed in Spain / Impreso en España

Atención al cliente: 914 463 350

Periquito, Periquete

Ramón García Domínguez
Ilustrado por Manuel Sierra

A Ciro, Gerardo y sus *Dragones*.
Deseándoles entusiasmo y suerte.

Érase una vez...

Érase una vez un niño como tú que se llamaba Perico (¿y tú cómo te llamas?).

Y Perico tenía un periquito de colores.

Y el periquito de colores se llamaba Periquete.

El periquito Periquete de Perico
no es grande ni chico,
¡pero tiene un pico…!

Quiero decir que el periquito Periquete de Perico hablaba mucho, uf, ya lo creo, había aprendido un montón de palabras…

Bueno..., un montón no, sólo un montoncito.

Bueno..., un montoncito tampoco, sólo unas pocas palabras.

Bueno…, ni siquiera unas cuantas palabras: el periquito Periquete de Perico sólo había aprendido... ¡una palabra!

¿Sabes cuál? La palabra PERIQUETE.

¡Y precisamente por eso le habían puesto de nombre Periquete!

El periquito Periquete de Perico se llamaba como se llamaba porque sólo sabía decir su nombre: Periquete.

Y lo decía, además, en un periquete, ¡zas, ya está!

—¿Cómo te llamas, periquito?

—¡Periquete! —respondía él.

Y no tardaba ni un periquete en decirlo. ¿Que cuánto es un periquete? ¿Que cuánto dura un periquete? Pues..., un periquete dura menos que un minuto, menos que medio minuto, menos que un segundo, menos que lo que se tarda en abrir y cerrar los ojos, menos que un soplo, menos que un suspiro, un periquete es un trocito de tiempo tan pequeño, tan pequeño, tan pequeño, que apenas si se le ve, ¡hace falta un potente microscopio para ver un periquete, fíjate si te digo!

Un periquete es tan chiquitín
que se junta el principio
con el fin.

Quiero decir que en cuanto empieza un periquete ya se puede dar por terminado.

¿Pero quieres saber por qué el periquito de Perico sólo decía PERIQUETE? ¿Es que era tan

torpe que sólo había conseguido aprender esa palabra? ¡Oh, no, no era por eso!

Bien es cierto que los periquitos no hablan tanto como los loritos, los loritos son mucho más charlatanes. Los periquitos, por contra, son esbeltos y muy elegantes. ¡Y qué plumaje tienen!

El periquito Periquete de Perico, para que lo sepas, era de color verde y amarillo, con rayas negras onduladas de la cabeza a la punta de la cola. Y la cara, amarilla con pintitas azules. ¿Te lo imaginas? ¡Una preciosidad!

Pero sólo sabía decir PERI-QUETE. ¿Que por qué? Porque PERIQUETE era la palabra reina en casa del pequeño Perico.

Todo se hacía allí deprisa y corriendo, a todo meter, ¡en un periquete!

Los papás de Perico se levantaban de la cama en un periquete, se aseaban en un periquete, se desayunaban en un periquete y se iban a trabajar en un periquete.

También comían a mediodía en un periquete y volvían a largarse en otro periquete.

Y por la tarde, ya casi de noche, llamaban por teléfono a Pe-

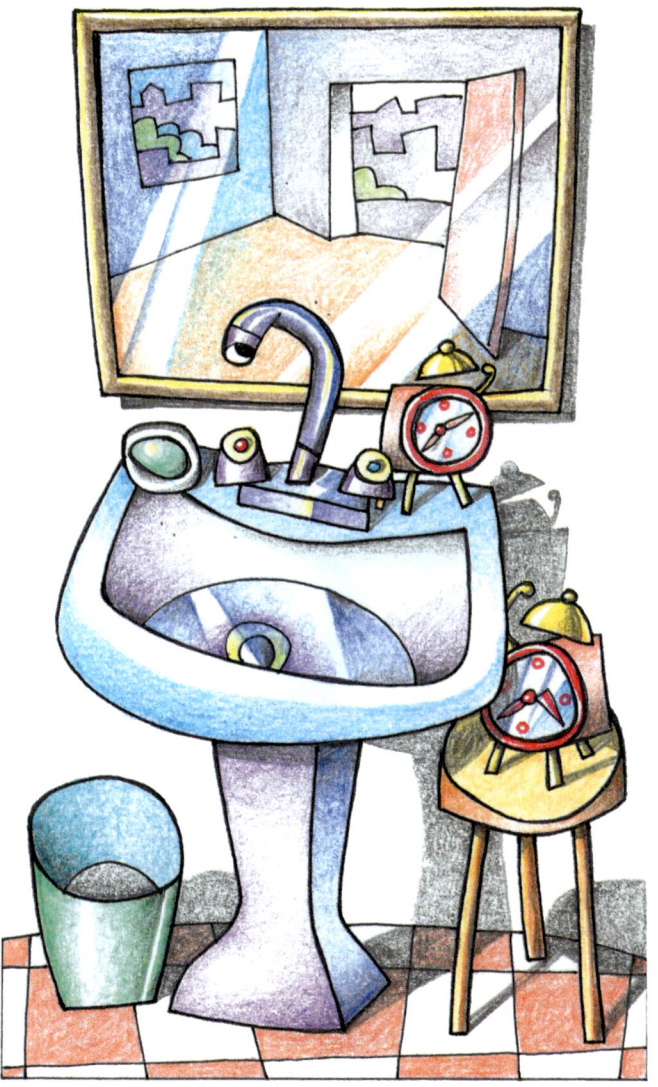

rico, eso sí, y le decían muy cariñosos:

—¡En un periquete estamos
en casa, cariño!

¿Pero qué pasaba cuando volvían a casa? Pues que estaban
tan cansados, los pobres, de hacer todo deprisa y corriendo,
que sólo estaban con Perico un
periquete y se iban en un periquete a dormir.

Total: que a Perico sólo le regalaban sus papás "periquetes"
de su tiempo.

¿Sólo "periquetes"? ¡Oh, no,
qué digo, también le regalaban
muchas cosas bonitas, muchos
juguetes fantásticos, casi todos

los días le traían, al volver a casa, un juguete fantástico! Al niño Perico le habían regalado sus papás un tren eléctrico y un robot a pilas y un bólido con mando a distancia y un submarino atómico teledirigido y un avión con reactores y una nave espacial de la "Guerra de las galaxias" y un... Bueno, no sigo porque llenaría todo el libro sólo con los juguetes que los papás de Perico le regalaban a Perico.

Fíjate si eran cariñosos, generosos y buenos que también le regalaron un día... ¿qué dirás?

¡Sí! ¡Un periquito de vivos colores!

—Así te hará compañía y podrás hablar con él, ¿eh, cariño? —le dijeron.

Perico y su periquito se hicieron amigos en un periquete y, cuando se quedaban los dos solos en casa, hablaban y hablaban sin parar.

El periquito de Perico sólo decía PERIQUETE, que por eso

le pusieron ese nombre, pero el niño Perico entendía muchas más cosas. Porque los buenos amigos se entienden con muy pocas palabras, incluso con una sola palabra, incluso se entienden sin palabras, ¿a que sí?

Con mis amigos
siempre me entiendo,
hablemos mucho o poco
y hasta en silencio.
No cuentan las palabras,
sí cuenta el sentimiento.

Tan amigos se hicieron Perico y su periquito Periquete, que un día que estaban los dos solos en casa, cosa que ocurría con muuuuucha frecuencia, el periquito le invitó a Perico a visitar la selva donde él había nacido.

Y allí se fueron los dos. En un periquete, porque con las alas de las ganas y de la fantasía se llega rápidamente a todas partes.

El bosque donde había nacido el periquito Periquete era un bosque maravilloso. Cada uno puede imaginárselo como quiera, pero por muy maravilloso que tú te lo imagines, siempre será más maravilloso todavía.

Había en él árboles tan frondosos y grandes como la carpa de un circo; había animales

pequeños como un "periquete" y enormes como un "siempre jamás"; había flores, mariposas y pájaros de todos los colores del arco iris y de todos los colores de las paletas de todos los pintores.

¿Pero sabes qué fue lo que más llamó la atención del niño Perico? ¿Lo que más le gustó? ¡Que el bosque estaba lleno de Tiempo, aquel bosque fantástico era el Reino del Tiempo!

Crecía aquí el árbol de las "horas llenas", a su lado el árbol de los "días de fiesta", un poco más allá el árbol de las "semanas de Pascua", a su izquierda el árbol de los "meses de vacación", a dos pasos el árbol de los "felices cumpleaños" y, en el centro mismo del bosque, el árbol redondo y corpulento de "todo el tiempo del mundo".

¿Y qué decir de las flores que crecían entre la arboleda?

La flor blanca de la calma,
la azul de la placidez,
la amarilla del reposo,
la roja del anti-estrés,
la flor malva del sosiego,
la flor añil del placer,

la flor de hacer despacito
las cosas buenas de hacer.

Y claro está: Los habitantes de este fantástico bosque tenían TIEMPO para todo. Por eso nadie regalaba juguetes —¡para

qué!—, pero sí regalaban tiempo de su tiempo para jugar.

Los papás leones tenían tiempo para jugar con los leoncitos, los papás elefantes tenían tiempo para jugar con los elefantitos, los papás canguros tenían tiempo para

jugar con los canguritos, los papás chimpancés tenían tiempo para jugar con los chimpancitos, las mamás jirafas tenían tiempo para jugar con las jirafitas, las mamás libélulas tenían tiempo para jugar con las libelulitas y los papás y mamás periquitos tenían tiempo para jugar con los bebés periquitos.

Porque has de saber que el periquito Periquete le presentó a Perico toda su familia, y allí se pasaron todo el tiempo del mundo –¡los periquitos vivían precisamente en este árbol!– jugando a todo jugar.

Y mientras jugaban cantaban esta canción:

El mejor de los juguetes
es el recreo:
una hora, dos horas,
¡un día entero!
¿Quieres jugar conmigo?
¡Yo sí que quiero!
No me regales nada,
sólo tu TIEMPO.

Cuando Perico y su periquito Periquete, después de su extraordinaria aventura, volvieron por fin a su casa, también los papás de Perico estaban a punto de regresar.

—En un periquete estamos en casa, cariño —le dijeron por teléfono, igual que todas las tardes.

Pero cuando los papás de Perico entraron en el salón, ¿qué es lo que vieron? ¡Dos periquitos de vivos colores, dos!

—¡Oh —exclamó la mamá de Perico—, dos periquitos!

—Mejor —dijo el papá de Perico—, así Perico tendrá más compañía.

Se acercaron los papás de Perico, muy sonrientes, a los dos periquitos y le preguntaron a uno de ellos, igual que hacían todas las tardes:

—¿Cómo te llamas tú, periquito?

—¡Periquete! —respondió el periquito.

—¿Y tú, periquito? —preguntaron al segundo.

—¡Perico! —respondió el nuevo periquito.

Y antes de que los papás de Perico abrieran una boca y unos ojos de asoooombro y de suuuusto, los dos periquitos de vivos colores, aprovechando que la ventana del salón estaba abierta de par en par, salieron volando como una flecha, bueno, como dos flechas, en un abrir y cerrar de ojos.

¡En un periquete, vaya!

Periquito Periquete
y el niño Perico
son ya tan iguales, tan iguales
por ser amigos,
que todos se preguntan
ante el prodigio:
¿Son los dos… periquitos?
¿Son los dos… niños?

Y COLORÍN, COLORADO,
COLORETE,
ESTE CUENTO SE ACABA
¡EN UN PERIQUETE!

EL AUTOR

Me llamo Ramón García Domínguez y me gustan dos cosas: que me cuenten cuentos y contarlos también yo. Por eso leo mucho y he escrito unos cuantos libros. Por ejemplo: *El ángel Pin y el hada Violín* o *Renata alucinata* o *¡Viva la Pepa!* o *Cinco cuentos para uoiear* o *Brandabarbarán de Boliche*.

Y cuando leo cuentos o cuento cuentos, nunca tengo prisa, lo hago con calma y disfrutando palabra a palabra. Porque pienso que todo lo hermoso es cadencioso. Como la puesta del sol.

EL ILUSTRADOR

me llamo Manuel Sierra y nací en los
montes de León donde nace el río Sil
y el río Luna y lo que hago todo el
tiempo es pintar cuadros y hacer
dibujos y máscaras para teatro y
otras cosas y también leo muchos
libros y nado por las mañanas y
sueño los colores que pinto y soy
amigo de Ramón que escribió este
libro y yo hice los dibujos